BEI USCHI'S ECK

Bibliografische Information der Deutschen Nationalbibliothek
Die Deutsche Nationalbibliothek verzeichnet diese Publikation in der Deutschen Nationalbibliografie; detaillierte bibliografische Daten sind im Internet über http://dnb.d-nb.de abrufbar.

Umschlaggestaltung: Holger Risse (www.undich.net)

Konzept und Redaktion: Patrick Essex, Manuel Preuten & Holger Risse
Bilder: Patrick Essex
Texte: Manuel Preuten
Satz und Gestaltung: Holger Risse
Handschrift: Frank Höhne
Produktion: Grafik Media Produktionsmanagement, Köln
Druck und Bindung: Drukarnia Legra, Krakau

ISBN 978-3-95451-240-9

Originalausgabe

BEI USCHI'S ECK

Die Kneipe und ihre Bewohner

von Patrick Essex,
Manuel Preuten & Holger Risse

emons:

»Jede Kneipe braucht einen schönen MANN.«

REWE

zum Zeisi
Gilden
Kölsch
Gilden
Kölsch
Gilden
Kölsch

Samstag, 21.32 Uhr.

Ich wohne etwas weiter weg, aber das Posteck ist meine Stammkneipe.
Weil meine Freunde hier sind.

Ziehen
Toilette nur für Gäste

DAS ECK

Erstaunlicherweise liegt Uschi's Eck nicht an einer Straßenecke, sondern mitten in einer Häuserzeile aus den 60ern. Vor Jahren hatte es wohl mal Ärger mit dem Vermieter gegeben. Der damalige Wirt war daraufhin kurzerhand zwei Straßen weitergezogen und hatte Stammkundschaft und Namen einfach mitgenommen. Macht nichts, Eckkneipe bleibt Eckkneipe, denke ich und schaue hoch. Da leuchtet das blaue Kölsch-Schild, und ich beschleunige meine Schritte durch den Schneematsch. Schon habe ich die Straße überquert, reiße die Kneipentür auf und trete ein in den Duft aus Bierdunst, Bratfett, Atem, Rauch und Pisse.

Die Kneipe ist ein rechteckiger Raum, der fast auf ganzer Länge vom Tresen eingenommen wird. Bis auf einen sind alle Barhocker besetzt, dort wird lebhaft gemurmelt. Auf dem Bänkchen seitlich der Theke hockt ein winziges Mütterchen, das sich an einem kleinen Bier und der Zeitung festhält. Vielleicht will die Alte so die Heizkosten sparen, denke ich. Uschi stört sich nicht an ihr. Überhaupt scheint es hier wenig zu geben, was Uschi aus der Ruhe bringen könnte. Zwischen Zapfhahn, Weinbrand-Hausmarke und den verstaubten Flaschen Mosel auf dem Regal war Uschi schon immer da. Sie trägt ein riesiges violettes Shirt mit der Aufschrift »Fashion Beauty« und spült ein paar Gläser. Im Schankraum gibt es noch zwei Tische, die aber nicht besetzt sind, einen Spielautomaten und Plastikblumen vor den gelblichen Bleiglasfenstern, die selbst am trübsten Wintertag die Illusion von Sonne in den Raum werfen. Im Radio läuft die Art Schlager, die in Kneipen wie dieser immer im Radio läuft.

Ich setze mich auf den freien Hocker und kriege ein Bier hingestellt. Neben mir sitzen Bernd, Manni und Erich, drei Rentner, und spielen Karten. Eine Weile schweigen sie, dann sagt Bernd zum Erich: »Irgendwas ist da schiefgelaufen. Jetzt hab ich wieder mit guten Farben verloren gegen den mit schlechten.« »Genau, der spielt doch falsch«, trötet Erich und klopft Manni seine Pranke auf die Schulter. Manni, soeben noch ins Verteilen der Karten vertieft, findet das nicht lustig. »Das ist das Schlimmste, was ihr mir vorwerfen könnt, dass ich ein Falschspieler bin«, ereifert er sich und wirft die Karten auf den Tresen. »War doch nur Spaß, Manni«, sagt Bernd und klopft ihm wieder kräftig auf die Schulter. »Scheiß drauf«, sagt Manni und dreht sich zur Wirtin: »Machst du uns noch mal drei Kurze?«

Ich drehe mich um und sehe Helmut zu, der seine Cents in den Spielautomaten schmeißt. Helmut ist klein und Ende fünfzig, seine schmalen Schultern stecken in einem beigefarbenen Blouson. Er hat ein verschmitztes Gesicht mit Schweißperlen auf der Stirn. Das Automatenlicht macht ihn glatt zehn Jahre älter. »Beschiss«, murmelt er leise, »das ganze System beruht auf Betrug«. Er wirft nochmal Geld ein.

Das Kölsch schmeckt frisch, und die Kneipe füllt sich inzwischen mit allerhand Leuten. Dachdecker, Frisöre, Klempner, Hausfrauen, Lehrer, Rentner, Penner – da hocken sie nun alle, haben den Blues, bald Wochenende, etwas zu feiern oder irgendeinen anderen Grund, über den Durst zu trinken. Solides Publikum, gerade am Monatsanfang, wenn Lohn, Rente oder Stütze auf dem Konto sind.

Der Nachmittag scheint mir im Eck ohnehin die beste Zeit zu sein. Wenn zu den letzten der frühen Trinker die ersten Arbeiter zum Feierabend kommen, lebt diese Zweckgemeinschaft förmlich auf. Die Dialoge sind dann manchmal besser als im Theater, und für ein paar Augenblicke, denke ich, kann jeder durstige Mensch an diesem Tresen, egal wer es auch sei, dein Freund sein.

Ein Stammgast, dessen Namen ich nicht kenne, kommt rein. »Und? Was gibt's Neues?«, wird er von einem am Tresen begrüßt. »Nix«, sagt der Unbekannte zufrieden, nimmt die Mütze ab und setzt sich auf seinen Hocker.

Einen Meter neben der Tür scheint die Stimmung ausgelassener, jedenfalls dem Geräusch- und Alkoholpegel nach zu urteilen. Dort stehen ein Älterer mit leuchtend weißen Haaren, eine stark geschminkte Frau im gelben Kostüm und ein großer Dünner, der ein speckiges Sakko trägt. Sie unterhalten sich, wobei nahezu jeder Satz in lautem Gelächter untergeht. Der Weißhaarige ist besonders gut drauf. Er nuschelt einen Karnevalsschlager, packt die Frau und tanzt mit ihr einen Walzer durch den Schankraum.

Unterdessen hat Helmut drüben am Automaten die nächste Partie verloren. »Das ganze Spiel basiert auf Beschiss. Glaub' mir, ich verstehe was davon«, sagt er mit ernster Stimme in Richtung der Wirtin und drückt seine HB aus. »Rechne mich mal ab!« Uschi zuckt nur mit den Schultern. »Ich kriege zehn achtzig von dir. Von gestern hast du auch noch was offen.« Seltsamerweise scheint diese Nachricht Helmuts Laune zu heben. »Dann nehm ich noch 'nen Schnaps«, sagt er fast vergnügt. »Und mach dem auch einen!« Er nickt in meine Richtung und legt sein Geld auf den Tresen. Wir kippen den Wacholder runter. Helmut grüßt kurz und verschwindet in die nächste Kneipe. Ich bestelle noch ein Bier.

Um in den »Saal« genannten zweiten Raum zu gelangen, muss man vorbei an den Rücken der Thekenhocker, den Toiletten, einem Zigarettenautomaten und diversen Kupferstichen, die das Altstadtpanorama zeigen. Zwischen Schankraum und Saal liegt noch der winzige Verschlag, aus dem Uschi und ihre Aushilfe Frau Schneider grotesk viele Teller, meist Kotelett mit Bratkartoffeln, heraustragen.

Hinten ist zu dieser Zeit kaum etwas los. Der Raum ist spartanisch eingerichtet: ein paar alte Karnevalsgirlanden, ein Fernseher und ein Dartautomat, an dem zwei Männer und eine Frau in ihre Partie vertieft sind. Sie beachten mich nicht weiter. Ich gehe an den Tresen zurück. Das Bier ist immer noch gut, der Korn kostet einszehn. Wusste ich doch, hier ist gut sein.

Ein Dicker zwängt sich neben mich und verhandelt mit Uschi, was er denn nun essen solle. Die Wirtin zuckt mit den Schultern und empfiehlt dann Schaschlik, »hab ich noch von Mittag über«. »Nee«, mault der Koloss, »kein Schaschlik, da krieg' ich Sodbrennen von«. Die Wahl fällt schließlich auf Grünkohl, der kurz darauf schon vor ihm steht, zwei unterarmdicke Mettwürste obendrauf. Mein Nachbar scheint zufrieden. Er zieht den Filzhut von seinem Schädel und bestellt sich noch ein kleines Bier dazu.

»Da ist er ja«, ruft Bernd, als ein Mann mit einer Fellmütze, Plastiktüte und einem Schwall kalter Luft das Eck betritt. Dieter ist da. Die Stammtrinker scheinen kollektiv aufzuatmen. Sein Fehlen würde eine mittelschwere Krise auslösen. Womöglich würde gar das Bier nicht mehr schmecken. Aber keine Angst, auf Dieter ist Verlass – seit Jahren. Immer Flaschenbier, immer Kümmel, immer voll. Aber Dieter lässt man »Bei Uschi's Eck« manch kleine Verfehlung durchgehen. »Lass dem Alten doch die Freude,« heißt es dann, »er hat ja sonst nicht mehr viel.«

»Wie ist das werte Befinden, meine Herren?«, fragt Dieter in die Runde, ohne auf eine Antwort zu warten. Noch ehe er die Theke erreicht, steht sein Gedeck parat. »Dieses Wetter lässt sich doch ohne ein Schnäpschen nicht aushalten. Prost, meine Herren!«

»Hat's geschmeckt?«, fragt Uschi, als der Gast mit dem letzten Schluck nachgespült hat. »Okay«, antwortet der Dicke, »aber Sodbrennen krieg ich jetzt trotzdem! Am besten, du stellst mir schon mal 'nen Magenbitter hin.« Er rutscht von seinem Hocker und bahnt sich den Weg Richtung Klo.

Nebenan steckt Dieter mitten in einem Fußballgespräch. »Die verdienen zu viel Geld«, mault Manni und verschüttet etwas Weizenbier. »Ach, woanders kriegen sie genauso viel und spielen auch vernünftig«, entgegnet ein anderer. Aber Manni bleibt hart: »Nulldrei zur Halbzeit! Wenn ich auf Montage so eine Arbeit abliefere, dann schmeißen die mich zehnmal raus. Und der Präsident, das ist für mich das größte Arschloch!« »Ach, lass mal gut sein«, sagt Dieter und bestellt noch einen Kümmel.

Ahl Wipp, Buchheim

Wir mögen uns einfach.

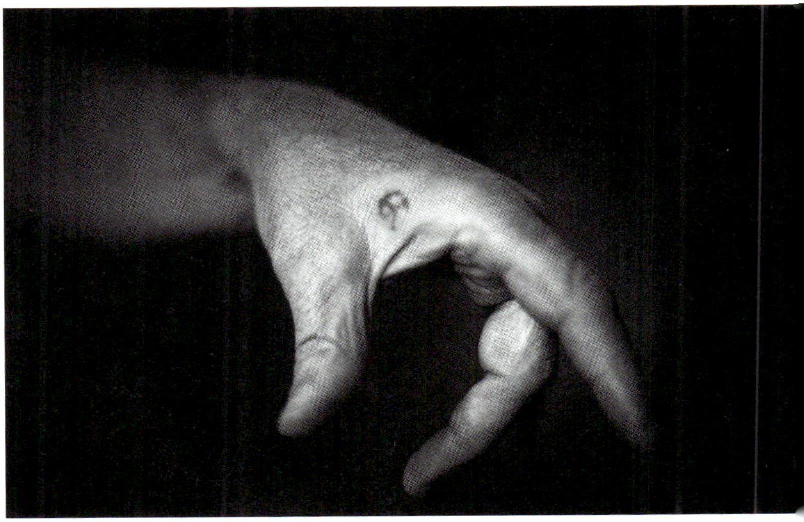

Hello!

Where you come from? From Ehrenfeld? Ah, du bist Deutscher, ach so. Ich bin Jugoslawe. Immer geblieben. Kein Serbe oder sowas. Mein Vater ist deutscher Abstammung gewesen und die Mutter ungarisch.

Das Peace-Zeichen auf der Hand haben wir uns in der Jugoslawischen Volksarmee gemacht. Mit einem Nagel. 1969/70 war das. Mein Vorgesetzter hat das gesehen und gefragt: »Was hast du da, Soldat? Hast du eine Fotze da? Soldat, du kommst zwei Tage ins Gefängnis.« Aber das war uns egal. Wir wollten auf dem Arm noch eins stechen. Aber dann sind wir nach Deutschland gekommen, also haben wir alle nur den Kreis.

Also wenn das meine Kneipe wäre. Ich hätte mittags um zwölf auf - spätestens! Ich meine, hállooo, wer isst denn um 17 Uhr noch eine Gulaschsuppe?

Ich hab Millionen verdient, aber auch Millionen ausgegeben. In meiner Gaststätte neben dem Kaufhof standen früher die Leute Schlange. Das war aber auch eine andere Zeit. Damals wurden die Geschäfte fast alle noch von den Inhabern betrieben, und die kamen nach Ladenschluss zu uns. Vor fünf Jahren bin ich dann in Rente. Ich hab den Absprung geschafft. Guck mich an! Ich bin hier oben topfit, ich mache Sport, ich hab 'ne junge, schöne Frau.

Immer wenn ein Blumenverkäufer in die Kneipe kommt, kauft mein Freund mir Rosen. Ich sage ihm: Du bist doch verrückt, dass du mir wieder Blumen kaufen musst, aber es hat keinen Zweck. Er macht es trotzdem wieder. Er sagt immer: Ich kann nicht anders.

Ich war die zweite Frau, die in Köln Taxi gefahren ist. Anfangs musste man sich natürlich durchsetzen. Aber ich habe sie alle kennengelernt. Einer hat mir sogar mal einen Pelzmantel geschenkt. Das Innenfutter habe ich neulich rausgeschnitten, jetzt passt er mir wieder.

Ich habe vieles falsch gemacht in meinem Leben.

Vielleicht war ich zu egoistisch.

Vielleicht hab ich auch zu viel gesoffen.

Aber meine Enkelchen liebe ich abgöttisch.

Sion
KÖLSCH
JACKPOT

Jackpot, vormals Zur Ponderosa, Venloer Straße. Kölsch 1 Euro, Korn 80 Cent.

»Tschö!«

»Schönen Abend noch!« Der traurige Grieche Akos sinkt auf den Barhocker hinter seinem Tresen und seufzt leise. Wieder ein Gast weniger. Jetzt sind es noch zwei, einer von ihnen zieht schon seine Jacke an, dabei hat das Fußballspiel noch gar nicht angefangen. »Wenn das so weitergeht, muss ich bald dichtmachen. Endgültig.« Akos hat vieles probiert. Er bietet jetzt Essen an in der kleinen Kneipe, schmeißt Partys für die wenigen Gäste. Aber inzwischen bleiben selbst die aus. »Was soll ich denn noch machen?«, fragt Akos und gibt sich selbst die Antwort: »Ich werde wohl Hartz IV beantragen.«

Früher war Akos Seemann gewesen, bevor er Frau und Kindern zuliebe an Land blieb. Eine gute Zeit, denkt er heute manchmal, wenn er wieder einen langen Abend einsam in seiner Kneipe steht. Die »Neusser Stube« war sein Traum von der eigenen Existenz. Ein paar Meter zu weit abseits gelegen vielleicht, aber immerhin die eigenen Drinks und dazu die eigene Musik aufgelegt. An der Wand das Foto aus besseren Kneipentagen, Akos breit lächelnd als Mexikaner mit Schnäuzer und Sombrero.

»Besuchen Sie uns im Internet« steht auf der Schwarz-Weiß-Kopie, die der Grieche jetzt hervorkramt. Darunter ein Smiley. »Kann ich den mitnehmen?«, fragt der letzte Gast und ist im Begriff, den Flyer einzustecken. »Tut mir leid«, sagt Akos.

»Ist mein letzter«

Haus Ecker, Nippes

Es ist Samstagabend, gegen 22 Uhr. Im Posteck kehrt wieder Ruhe ein. Zwei Jüngere hatten einen Streit mit dem Werner angefangen. Fäuste flogen, andere mischten sich ein, am Ende musste die Polizei kommen. Jetzt sind sie weg – die Jüngeren, der Werner und die Polizei – und es ist fast so, als sei das alles irgendwann passiert, nur nicht heute Abend. Maria, die Wirtin, wuselt wieder zwischen Zapfhahn und Küchenverschlag umher. Nils erzählt von seiner verstorbenen Mutter. Die Deckel der Leute, die um den Tresen sitzen, füllen sich mit Strichen. Aus der Musikbox kommt Bonnie Tyler. Lediglich das blutige Pflaster am Kinn vom Reinhard erinnert noch an den Streit – und Anne, Werners Frau, die aus irgendeinem Grund noch hier ist und mit schwerer Zunge auf einen Fremden einredet: »Was sind das bloß für Leute?«

Der Rosenverkäufer betritt die Kneipe. Es scheint fast, als habe Yunus auf ihn gewartet. Er leert seinen Asbach Cola, schält sich vom Barhocker und drückt dem Mann einen Haufen Scheine in die Hand. Die Rosen sehen nicht mehr frisch aus, morgen werden sie verwelkt sein. Aber wer will jetzt schon an morgen denken? Heute Abend bescheren sie Yunus den großen Auftritt. Er überreicht jedem am Tresen eine Rose. Es bleibt noch ein ganzer Strauß übrig. Yunus schenkt ihn der Anne. Sie kichert und gibt ihm einen Kuss auf die Wange. Dann dreht sie sich wieder ihrem Nachbarn zu: »…mit den Stiefeln haben die eingetreten auf meinen Mann.« Jetzt wendet sie sich an die Wirtin: »Das werfe ich dir vor, dass du nichts gemacht hast, Maria. Eingetreten haben sie auf den Werner.« »Du hast mir gar keine Vorschriften zu machen«, gibt die kleine Frau zurück und trinkt einen Schluck Kräutertee. Hinten schläft einer mit dem Kopf auf dem Tisch.

Der Manni, der war Jockey. Der lebt heute auf der Rennbahn, mit acht Leuten in einem Zimmer, da gibt es keinen Fernseher und nix. Der kriegt 680 Euro Rente. Und wenn auf der Rennbahn die Rennen vorbei sind, geht der da Löcher treten. Der macht den Rasen wieder gerade, den die Pferde zertrampelt haben. Die anderen, das sind Russen und aus Afghanistan und so, die machen den Pferdemist weg.

Der James Dean damals, mit seinen kleinen Ärmchen. Ich will dem ja nichts Böses, aber gegen uns war der ’ne Lusche.

Em Gumprecht Eck,
Ehrenfeld

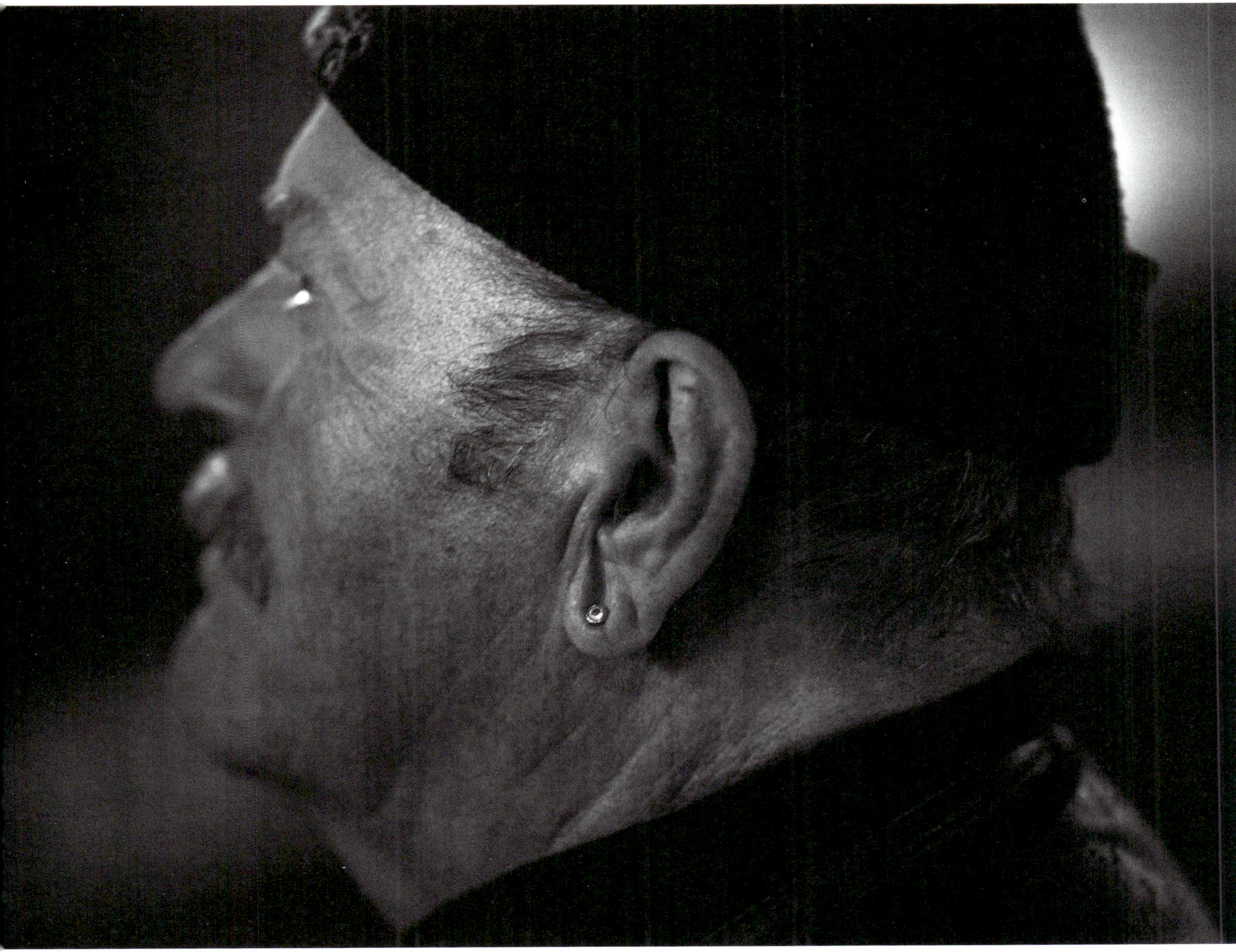

Irgendwo da oben gibt es einen Herrgott, da bin ich mir sicher. Überleg' mal! Das alles da draußen ist doch nicht einfach so entstanden. Verstehst du? Du und ich, wir sind ja nicht aus dem Boden rausgewachsen. Also können wir auch nicht sagen, es gibt den nicht. Wir können den nicht sehen, aber der sieht uns.

»Eine Löwin ist von uns gegangen«,

Nils denkt wieder an seine Mutter, die er vor drei Tagen beerdigt hat. Mit der schwarzen Krawatte und dem weißen Hemd, dessen oberster Knopf nicht zugeht, fällt er auf zwischen den Handwerkern, die in Arbeitskleidung am Tresen sitzen. Eigentlich habe er nur auf andere Gedanken kommen wollen, seufzt Nils, »ein, zwei Bier trinken in der Stammkneipe«. Aber dann ging die Schlägerei los. »Fast hätte ich da auch noch mitgemischt«, stöhnt er. »Früher wäre ich dem Zirkus nicht so aus dem Weg gegangen. Aber ich glaube, in dem Moment war Mutter bei mir.«

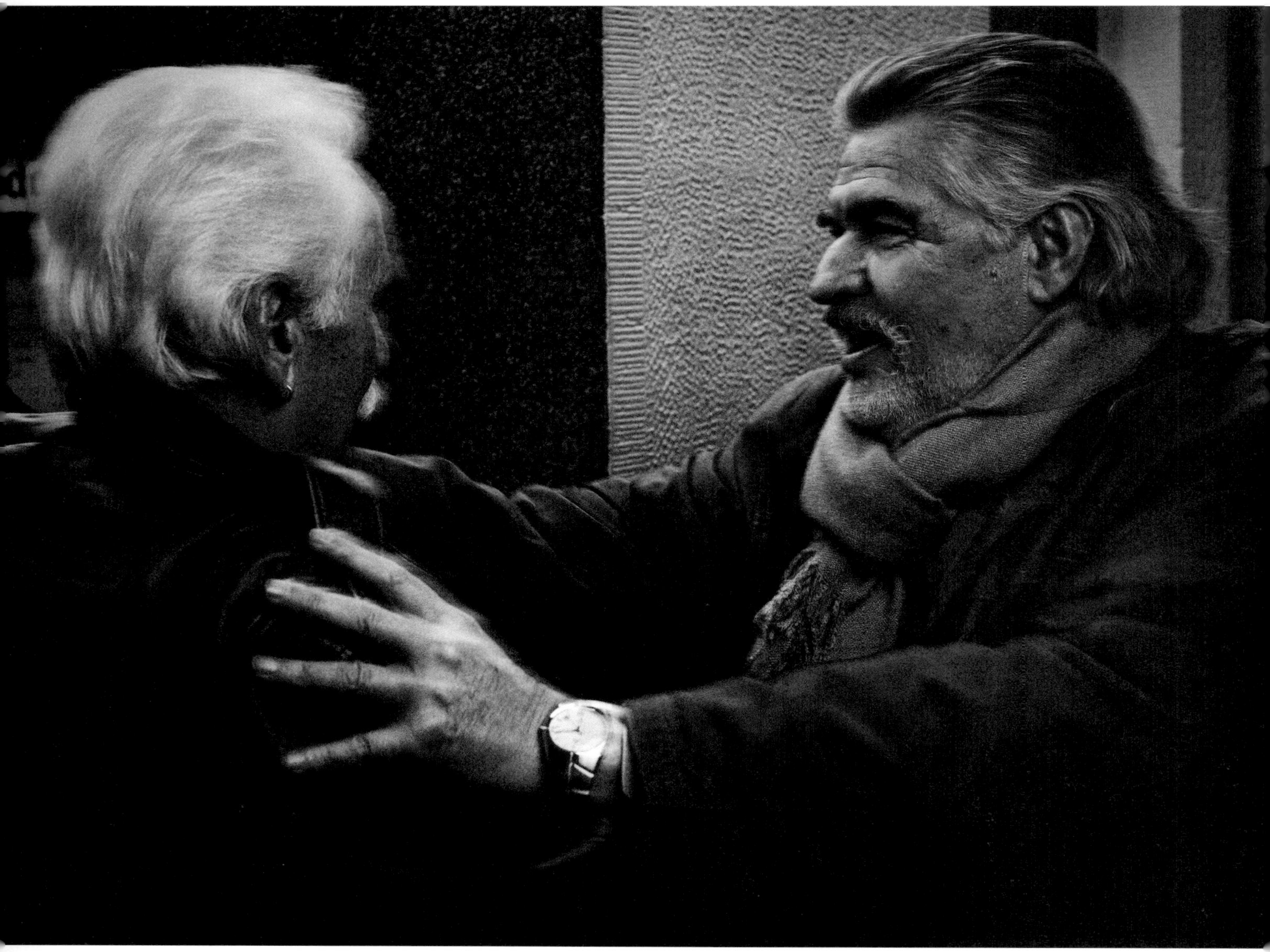

Ich wollte nur mal dem Hans Guten Tag sagen.

Wie oft ich hierher komme?

Fast jeden Tag. Zum Mittagessen oder einfach, um mal vor die Tür zu kommen. Wenn ich hier sitze, treffe ich oft Leute aus der Nachbarschaft. Manche sind sogar in meinem Alter, da haben wir viel zu erzählen. Ich bin ja fast 93 und sehen tue ich auch nicht mehr so gut. Mein Enkel hat die Kneipe gepachtet, aber meistens steht meine Schwiegertochter allein hinter dem Tresen und kümmert sich um uns. Sie weiß zum Beispiel immer, was wir alten Leute essen. Bloß nichts Hartes! Heute gibt es Königsberger Klopse und Kartoffelpüree. Ich bin gerne hier. Und wo kann ich noch so günstig essen?

Micha, so schnell wie du verlierst, kann ich
gar nicht trinken.

adidas

Ich hab aufgehört mit dem Saufen.

Nur noch alkoholfrei. Irgendwann bin ich umgefallen. Alkoholvergiftung. Da hab ich gesagt, ich höre auf. Einfach so, keine Therapie und sowas. Ich hab mich selber rausgezogen.

Eben hab ich auf die Uhr geguckt und gedacht: Oh, schon halb acht! An anderen Tagen zieht es sich auch. Aber ich arbeite gerne in der Kneipe. Man hat sich ja auch an das Trinkgeld gewöhnt. Wenn das erst mal flachfällt! Ich sag mal: Da hat man immerhin schon das Zigarettengeld.

Bis vor ein paar Jahren hatte ich noch meine eigene Wirtschaft. Aber für Kneipen wurde es immer schwieriger, und dann ist mein Mann arbeitslos geworden. Es ist ja nicht leicht, Arbeit zu finden im Abbruch oder am Gerüst. Vor allem was mit Papieren.

Wenn du mich fragst, übertreiben die das mit dem Nichtraucherschutz. Ich musste früher noch auf Asbest löten, als ich in Pforzheim Goldschmied gelernt habe. Mein Glück war nur, dass mein Großvater mich nach ein paar Wochen aus der Lehre genommen hat. Großvater war Alkoholiker – die elf Mark Lehrgeld, die ich bekam, waren ihm zu wenig. Das hat mir vielleicht das Leben gerettet. Jetzt bin ich fast 78. Elf Mark – das kann man sich ja heute kaum noch vorstellen. Heute fahren die doch schon im ersten Lehrjahr in Urlaub.

Ich habe in 45 Berufen gearbeitet, auch mal zwei Jahre als Köbes im Brauhaus. Dann musste ich wegen einer Schilddrüsenoperation aufhören. Ich bin dort also nüchtern ausgeschieden, nicht wegen Beschiss oder Suff oder so. Nein nein, ich liebe den Alkohol, aber ich liebe nicht den Rausch. Deswegen gehe ich gleich nach Hause.

Meine Großmutter ist angeblich verwandt mit Eisenhower. Der war der Chef von Amerika.

Hard Rock
CAFE
NEW YORK
PlayStation
PlayStation
PlayStation

Kennengelernt habe ich meine Frau an Karneval. Die hat mich so komisch angeguckt, dabei habe ich ihr nur eine Cola ausgegeben. Also bin ich zu ihrer Freundin, das war die Tochter meiner Ex, und habe gesagt: Ich will die treffen! Am ersten Tag sind wir essen gegangen, am zweiten waren wir im Bett. Am dritten Tag stand ich mit dem Möbelwagen bei ihr vor der Tür. Deshalb sage ich immer: Meine Frau ist seit 15 Jahren mein One-Night-Stand.

Ich war 35 Jahre bei Ford und habe da gutes Geld verdient. Aber ich hatte eine teure Scheidung. Meine Ex-Frau, die hat vom Sozialamt gelebt. Mit Zinsen ist da mehr angelaufen als ich im Monat verdient habe. Das interessiert den Staat aber nicht. Damals hatte ich 180.000 Mark Schulden. Ich bin aber kein Typ, der sich unterkriegen lässt. Also bin ich nach der Arbeit noch auf die Baustelle oder ins Zentrallager.

'77 habe ich meine erste Kneipe aufgemacht, am 29.4. war das. Am 28.11., ich weiß das noch genau, stand schon der erste Mercedes vor der Tür. Bar bezahlt. Man hat ja noch richtig Geld verdient zu der Zeit. Schaut euch doch heute mal um: Die Leute haben kein Geld mehr – der Vater Staat zieht denen das so aus der Tasche. Vor zwanzig Jahren waren wir hier noch 19 Kneipen auf einem Quadratkilometer. Heute sind es noch zwei.

In den 80er-Jahren habe ich viel mit Dart gemacht. Automaten und Steel. Das lief richtig gut. Aber irgendwann ist das eingeschlafen. Dart spielen nicht mehr so viele Leute. Außerdem gibt es Wirte, die zahlen den Spielern die Gebühr, um sie zu locken. Da mache ich nicht mit. Die Automaten müssen ja abbezahlt werden. Also habe ich mich auf Skat spezialisiert.

Seit 40 Jahren hat mich keiner besoffen gesehen. Hinter der Theke trinke ich Kaffee. Die Tasse hab ich von meiner Tochter bekommen. Die hat sie aus dem Internet. Wenn man da den heißen Kaffee reingießt, kommt mein Foto zum Vorschein. Jedenfalls immer Kaffee, bis 19 Uhr. Danach dann Wasser, so zwei Flaschen, manchmal mit Brausetablette. Entweder arbeite ich oder ich saufe.

Auf der Firma bei Ford damals war das anders. Da haben wir gesoffen. Meistens Wodka, das roch man ja nicht. Da mussten sie mich manchmal ins Auto tragen. Wenn ich heute mal trinke, dann Asbach Cola oder so was. Was ich in den 60ern schon gesoffen habe. Keinen Ramazotti oder so.

Ich sage immer: Man kriegt alles hin, wenn man muss. Ich habe Rente, Betriebsrente und Eigentum habe ich auch. Wenn ich mit fast 71 noch hier hinter dem Tresen stehe, dann ist da auch ein bisschen Idealismus dabei. Über manche Gäste kann ich mich immer noch aufregen. Aber die meisten sind gute Leute, und deshalb bleibe ich hier, solange es gesundheitlich noch geht.

Normalerweise ist hier richtig was los. Meistens mache ich um fünf, sechs Uhr zu, manchmal auch gar nicht. Aber heute? Der Stefan kommt nicht, der ist in Frankfurt. Jan muss arbeiten. Der Micha kommt heute auch nicht, der fährt am Sonntag in Urlaub. Ich weiß auch gar nicht, ob die Leute schon Geld gekriegt haben diesen Monat. Was haben wir heute? Den 28.?

Keine Ahnung.

Du bist aber nicht schwul, oder? Weil der Armin, der ist schwul.

Underberg
Wertvolle Prämien warten auf Sie
TOSHIBA
PHILIPS
REWE

Ich will wieder als Model arbeiten. In den 60er-Jahren habe ich die Mannequinschule von Marlies Scholz besucht. Aber ich musste damals aufhören. Leider bin ich schwer an Kniearthrose erkrankt. Ich habe mir vorgenommen, das Modeln wieder aufzunehmen. Ich bin 64 und eine Kämpferin. Ältere Models sind ja gefragt heutzutage. Entweder man hat es oder man hat es nicht, sage ich immer.

CNC-Fräsen ist geil. Du hast mittlerweile Maschinen mit bis zu acht Achsen. Das Programm schreibe ich mir immer selbst. Dann spanne ich das Metall ein. Darauf kann ich winzig klein schreiben. Zum Beispiel »Mein Chef ist ein Arschloch«.

Ich hab die Welt hinter mir, meine Herren.

Ich hab China hinter mir. Wissen Sie, ich war Projektmanager. I was projectmanager. Hab denen die Häfen hochgezogen. Mein größtes Projekt war 770 Millionen. Ich hatte drei Sekretärinnen. Eine für Deutsch, eine für Englisch, eine für Chinesisch. Chinesisch spreche ich aber nicht. Die wollten mich alle drei heiraten. Ich hab nur gefragt. »Why?« »Because you are a social German«, haben die gesagt.

Die Eckkneipe ist für mich die schönste soziale Einrichtung der ganzen Welt. Ich bin 1969 aus Wien gekommen. Nach meiner Scheidung saß ich ganz alleine in der Kneipe. Aber ich wurde immer gut aufgenommen. Was haben wir da gesessen, damals am Alter Markt, in der Frühphase von den Bläck Fööss. Auch wenn ich immer noch Rotwein trinke anstatt Bier, ich kann nur sagen: Danke Köln, für alles, was ich erlebt habe. Ich hatte immer nette Leute um mich.

Von der Kneipe gegenüber, da ist ja der Mann jetzt gestorben. Am Montag geh ich zur Trauerfeier – und dann geh ich auch mit saufen. Man muss ja denken, man hat auch Geld da hingebracht all die Jahre. Man sieht sich ja nur noch auf Beerdigungen! Ich will hoffen, dass ich wenigstens noch ein Jährchen mache. 70 will ich noch werden. Und die Weltmeisterschaft nächstes Jahr, die will ich noch sehen. Vor acht Jahren haben sie bei mir Fettleber festgestellt. Da bin ich in die Herz-Jesu-Kirche gegangen und hab gebetet. Ich sollte sogar alkoholfreies Bier trinken. Aber das schmeckte mir nicht. Jetzt saufe ich wieder.

Ich wohne schon 35 Jahre hier in der Gegend. Weißt du, was die Mieten hier kosten? Jetzt im Juni wird schon wieder erhöht. Ich hab Staffelmiete. Im Mai kommt noch die Nebenkostenabrechnung. Vor 20 Jahren, also als ich noch jung und schön war, hatte ich sieben Zimmer. Für 200 Mark! Da wohnte noch mein Bruder bei uns, der hat bei der Electrola gearbeitet, das ist die Schallplattenfirma. Aber der hat gesoffen, und dann haben wir ihn rausgeworfen. Am Ende hat er sich auch totgesoffen.

Was soll's. Das Leben geht weiter. Wenn nicht, geh ich ins Irrenhaus. Ich habe 15 Jahre im Kaufhof die Toiletten sauber gemacht. Samstags, da hab ich das Geld da mit der Schubkarre rausgefahren. Aber das hätten die mir ja abgenommen. Also haben wir das schön wieder verbrasselt. Jetzt, mit Hartz IV, kannst du da nicht mehr arbeiten. Da scheißen die Leute dich an. Nee, das ging nicht mehr.

Ich hab eigentlich immer gearbeitet, nur ohne Papiere. Deshalb habe ich jetzt 64 Euro Rente. Ich bin bei der Stadt Köln. Grundsicherung. Manchmal schäm' ich mich auch. Weil das ganze Geld von der Stadt kommt. Von meinem Mann ist auch nichts zu holen. Der hat ja sieben Schlaganfälle gehabt.

Meinen Vater hab ich verklagt, da war ich 18 Jahre alt. Jeden Monat musste der Geld abdrücken. Das steht eigentlich meiner Mutter zu, hab ich immer gesagt. Ich hab den ja nie kennengelernt.

Geboren bin ich in Österreich, aber groß geworden im Harz. Da habe ich meine Schule beendet. Und mit 18 Jahren keine Arbeit, nichts. Ab und zu hab ich in einem Hotel ausgeholfen. Ich hatte darüber zufällig eine Freundin in Köln. Der hab ich geschrieben, und die hat mir dann eine Stelle verschafft, hier am Volksgarten. Bei Juden, aber das sind ja auch nur Menschen. Da hab ich sauber gemacht. Drei Jahre war ich da. Und dann hab ich ja meinen Mann kennengelernt und dann war ich in Umständen.

1965 hab ich geheiratet. '66 kam die erste Tochter, '69 kam die zweite. Damals war's schön. Mein Mann lebt ja noch. Wir sehen uns nächsten Samstag wieder. Prost – auf dass die Kehle nie verrostet.

Nee, ich hab schon ein Leben hinter mir. Weißte was? An und für sich bin ich froh, dass ich da bin und Grundsicherung kriege. Ist okay, dann muss ich eben mit meinen 250 Euro leben. Oft gehe ich eh nicht aus. Man geht ja nicht jeden Tag in die Kneipe. Aber einmal die Woche muss ich raus, sonst fällt mir die Decke auf den Kopf. Du kannst doch nicht nur Fernsehen gucken. Aber ich sage mir immer: Erst zu Hause den Kühlschrank voll, dann kannst du vor die Tür gehen.

Meine jüngste Tochter gibt mir ab und zu was, die andere aus Idar-Oberstein gar nicht. Die sagt immer, sie hat nichts. Aber meine jüngste Tochter, die macht das schon. »Mama«, sagt sie immer, »du tust ja auch was«. Ich hole ja immer ihr Kind vom Kindergarten ab. Die gibt mir immer was, dass ich mal vor die Tür komme.

Meine Tochter hat geheiratet auf Schloss Gymnich, das von dem Joey Kelly. Tolle blonde Locken hatte die. Sah ganz hübsch aus, meine Tochter. Da haben die für alle Leute von weit weg Zimmer gebucht. Aber die alte Mutter sollte nach Köln zurückfahren. Das war mir egal. Ich hab mich einfach in ein Zimmer gelegt und schön im Schloss geschlafen.

Zwei-, dreimal in der Woche hol ich mein Enkelkind vom Kindergarten ab. Der freut sich immer. Der will immer U-Bahn fahren. »Oma, ich will bis Chorweiler«, sagt der. Aber das geht nicht. »Der Oma geht's nicht so gut«, sag ich dann. »Nächste Woche, da fahren wir, da kann sich die Oma wieder nen Fahrschein leisten.« Schwarzfahren, das geht nicht. Da muss ich doch 60 Euro bezahlen.

»Der Genever ist vom Helmut«

Ab und zu stellt mir hier einer ein Bier hin oder 'nen Schnaps. Ich bin ja hier bekannt. Die sagen immer, ich sei natürlich und ehrlich. Aber ich würde nie fragen, ob die mir einen ausgeben. Nein, das ist nicht mein Stil, da geh ich lieber nach Hause.

Bei Bohlen sucht den Superstar war die Andrea Berg in der Jury. Ich nehme an – ich weiß ja nicht, ob ihr das verfolgt – entweder die Beatrice oder der Ricardo, die kommen ins Finale. Erst mal gucken wir Champions League. Ich nehme an, dass zwei Deutsche ins Endspiel kommen. Da müssen die anderen ja schon vier Tore schießen. Aber im Grunde genommen können die mich auch am Arsch lecken. Wir ham ja nix davon – die haben ihre Millionen im Sack. Wir ham nix davon, aber wir fiebern trotzdem mit.

Ein schönes Leben hab ich vielleicht 15 Jahre lang gehabt. Mein erster Mann hat mich geschlagen. Splitternackt hat der mich aus der Wohnung geschmissen. Da bin ich weg. Der zweite Mann hat mich auch geschlagen. Nein, schön war das nicht. Ich habe ausgehalten, bis die Kinder groß waren – und dann hab ich ihn verlassen. Verheiratet bin ich heute immer noch, aber nur aufm Blatt Papier. Danach hatte ich meinen Freund, lange Jahre. Aber der ist an Lungenkrebs gestorben. Ich bin ja jetzt auch schon zehn Jahre alleine.

Meinen Mann seh ich am Samstag wieder. Da bringt er seine Freundin mit. Aber ist mir scheißegal. Ich geh zum Frisör und lass mich so richtig stylen und mache mir die Brüste hoch.

Ist egal, ich ruf auch mein Kind nicht mehr an. Besoffen bleibt besoffen. Ich trinke noch einen – dann brauch ich morgen nicht zu kochen.

Abends in der Bauernstube. Der FC spielt gegen Kaiserslautern. Zwei Männer sitzen hinten vor dem Fernseher und sind schlecht gelaunt. Vorne am Tresen steht Eddie, 50, Bauarbeiter, Discofox-Tänzer, von seinem Barhocker auf. »Wer arbeiten geht, kann auch Geld ausgeben«, bemerkt er mit schon belegter Zunge, stellt sein Bierglas neben die Packung Roth Händle und setzt seinen mächtigen Körper in Bewegung. Hinüber zu der Glocke am anderen Ende des Tresens. Eddie läutet. Lokalrunde. Auf einmal ist was los in der Bauernstube. Die Trinker auf den Barhockern schauen von ihren Getränken auf, von hinten kommen die zwei Fußballfans. »Du bist ja ein Schatz«, sagt Brigitte lachend. Eddie wankt zu ihr und nimmt sie in den Arm. »Musst denn du morgen gar nicht arbeiten?« »Erst um zehn«, sagt Eddie. »Prost!« »Prost, Eddie!«

Ich heiße Anton Hermann Schieffer. Wie der Stein, nur mit zwei f. Das hat einen Grund: Als mein Vater 1899 in Ehrenfeld zur Welt kam, war er der erste Junge nach zwölf Mädchen. Der Opa ist daraufhin zum Standesbeamten und hat gerufen: »Endlich ein Junge!« Dann haben die darauf getrunken. Gepinkelt, wie man damals sagte. So viel, dass auf der Geburtsurkunde am Ende der Nachname falsch geschrieben war. Deshalb habe ich ein f mehr im Namen als meine Tanten.

Anfang des Monats haben wir hier immer Hartz-IV-Ball. Da tanzt zwei, drei Tage lang der Bär. Die können vor Kraft kaum laufen. Heidewitzka, Herr Kapitän. Bis das Geld weg ist. Spätestens am 10. ist dann Monatsende, und man sieht die Leute drei Wochen nicht wieder.

»Zur alten D-Mark«, Freitagabend. Grillabend. Am Tresen sind zwei Jungs in ihr Kotelett vertieft. Frank, der Wirt, legt »Jenseits von Eden« auf. Renate und Walter schreien sich an. »Ich bin keine Tussi, und ich bin auch keine Alte«, ereifert sich Renate. »Ach, lass mich doch in Frieden«, brüllt Walter. Zwischen ihnen sitzen Günter und Manni, zwei alte Jockeys von der Rennbahn und schauen betreten in ihre Gläser. Sie warten auf Walter und das nächste Kartenspiel. Renate macht das wenig aus. »Ich wollte nur einen schönen Abend haben. Aber der kann nicht klein beigeben, der Idiot.« Sie stürmt aus dem Laden. Walter ruft ihr hinterher: »Mein Gott, da komm ich extra von zu Hause weg, um mir hier so ein Gekeife anzuhören. Das muss ich nicht haben.« Wenn unser Glaube nicht mehr siegen kann – Dann sind wir jenseits von Eden.

Günter gibt schon die Karten, aber Walter hat sich noch immer nicht beruhigt. »Die Tussi steht seit fünf Uhr drüben in der Kneipe, nur Kölsch und Schabau, zwischendurch zwei Pikkolo – und dann macht die hier den Stress.« Manni zuckt nur mit den Schultern. »Haltet euch bloß von den Weibern fern«, warnt Walter noch die beiden Jungs, die nebenan mit dem Kotelett fertig sind. Dann wendet er sich seinen Karten zu. »Jenseits von Eden« ist vorbei.

Gaffel am Schlachthof, Liebigstraße

Ihrefelder Eck, Subbelrather Straße

Früher war das zweimal die Woche verstopft. Weil die da reingekotzt haben. Und Zigarettenstummel und so. Ich will die Sauerei nicht wegmachen. Das ist eine Scheißarbeit. Man muss das ganze Pissoir abnehmen. Also hat mein Onkel – der ist hier der Hausmeister – sich das mit dem Winkel aus dem Baumarkt einfallen lassen. Ich muss sagen: Seit das dadrin ist, mussten wir das Klo nicht einmal abbauen.

Tschüss, Jung. Ich muss jetzt los. Ich hab die Tiere zu Hause. Die Katzen reißen mir noch die Gardinen runter. Meine Kinder sind in Urlaub. Die kommen erst morgen wieder.

Neulich wurde ich auf der Straße angesprochen. Vom Express waren die. Die wollten was über Karl Lagerfeld wissen. Ich hab gesagt: »Das lassen wir mal lieber. Wenn ihr jetzt was über das Veedel wissen wollt, gerne. Aber Karl Lagerfeld? Was weiß ich denn über den, außer dass der Handschuhe hat und einen Zopf?«

Wenn man hier nicht mehr rauchen kann, müssen sie meine Frau raustragen.

Hallo? Hören Sie Mich?

Em Cornely hier. Zwei Wagen, bitte.

Wie war das noch mal? Drei Korn, zwei Radler, ein Averna?

Tut mir leid, das dauert jetzt eben. Salzkartoffeln brauchen noch was.

Hier sitzt ein Engländer, der hat Potatoes bestellt. Aber was für Potatoes? Salzkartoffeln? Bratkartoffeln? Pommes sind ja auch Potatoes.

Was wollten Sie? Ihr Essen? Ich kann es auch nicht ändern.

Also, es gibt eine Wurst und dann gibt es zwei Würste. Mit Pommes oder mit Brot.

Warst du gerade unten und hast den roten Knopf gedrückt? Du hast damit ein Notsignal ausgelöst.

Hast du das nicht gebongt? Nein, ist schon gut!

Bitte geht nicht an die Kasse. Ich muss nämlich hinterher für alles geradestehen.

Thiebolds Eck, Innenstadt

BUMM!

Die zwei Gäste am Tresen schrecken kurz auf, als die Faust auf den Barhocker knallt. »Schläge, Reflexe, Beinarbeit – alles noch da.« Franz der Boxer nickt zufrieden und tänzelt, als stünde er im Ring und nicht am Spielautomaten. Franz ist 74, die Karriere ist lange vorbei, aber wenn er abends im Bett liegt, dann zuckt er. »Das verlernst du nicht«, sagt Franz und schmeißt eine Münze in den Automaten.

Ein Sturz vom Dach, acht Meter tief, hat die Gelenke ruiniert. Überhaupt macht der Körper immer seltener mit. »Aber hier oben«, sagt Franz und tippt sich an die Stirn, »hier oben bin ich fit.« Das, glaubt Franz, liegt am lieben Gott. Der passt auf ihn auf, genau wie seine Mutter. Ein Foto von ihr trägt Franz in einem Anhänger am Gürtel. »Wer meiner Mutter zu nahekommt, der kriegt Ärger«, lacht Franz und haut auf den Barhocker.

Wenn Hansi mal wieder in die Zwitscherstube kommt, freuen sich die Leute. Seit Hansi nicht mehr arbeiten kann, ist er seltener da. Kein Geld und Kneipe, das verträgt sich auf Dauer nicht. Bei schönem Wetter ist Hansi sowieso draußen, im Nippeser Tälchen an der Tischtennisplatte. Er sitzt immer vormittags da, weil er Zeit hat und reserviert die Platte, bis um drei seine Kumpels zum Spielen kommen.

Em Gumprecht Eck,
Venloer Straße

Den Sparverein haben wir letztes Jahr eingestellt. Das war immer sehr viel Aufwand, man muss so was ja über die Sparkasse abrechnen. Dann gibt es Monatssparer und Wochensparer, was alles genau auseinandergehalten werden muss. Und der Mama war das auf Dauer zu viel Verantwortung mit dem ganzen Geld. Außerdem gibt es ein paar Leute, die kommen hier rein, trinken nichts, schmeißen nur das Geld ins Kästchen und dann kommen die am Ende des Jahres zur Auszahlung. Die kriegen dann den gleichen Verzehrbon wie die Stammgäste, die regelmäßig hier an der Theke sitzen. Ich finde es traurig, dass es den Sparverein nicht mehr gibt,

aber ich kann die Mama da verstehen.

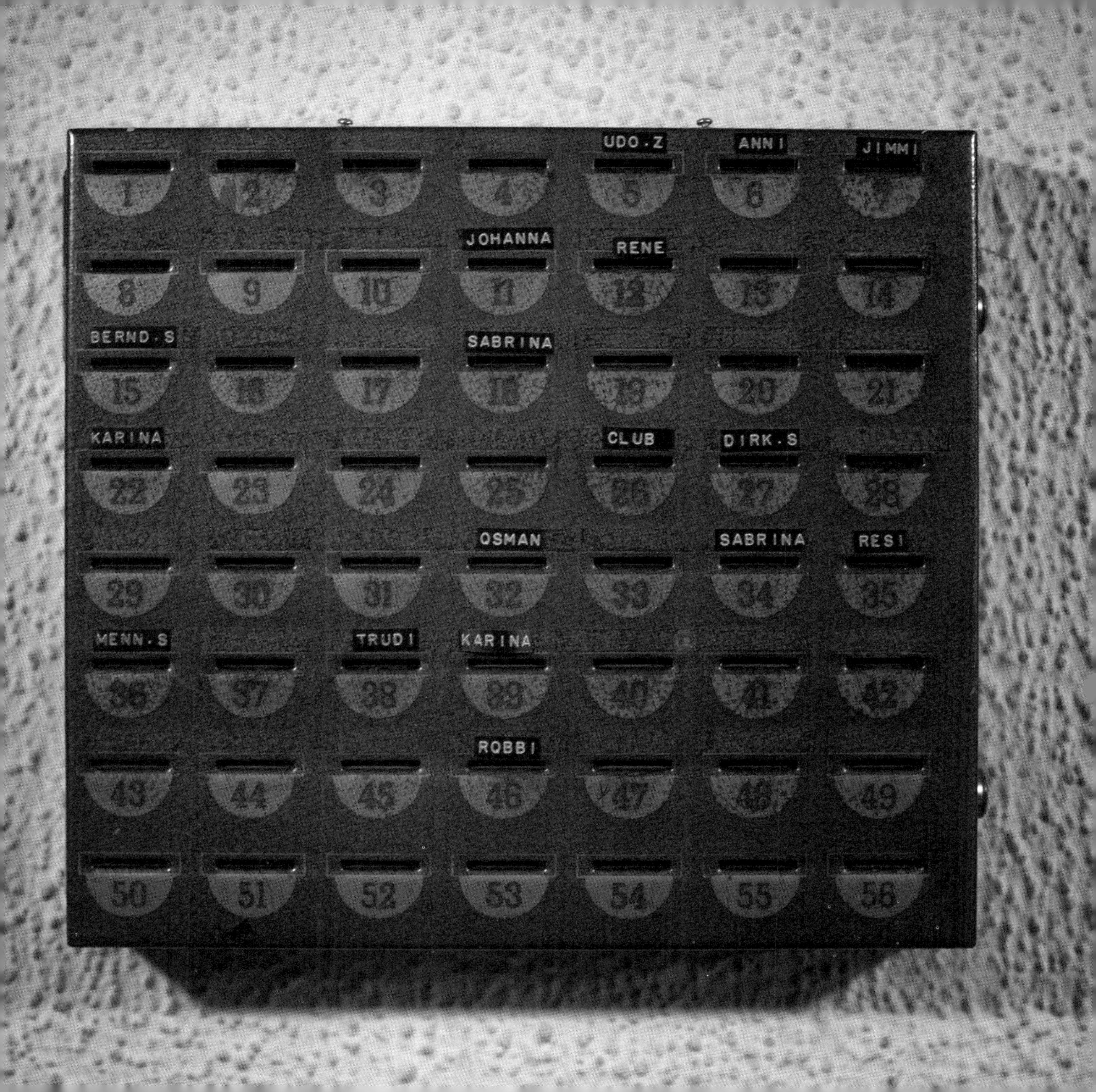
UDO.Z
ANNI
JIMMI
JOHANNA
RENE
BERND.S
SABRINA
KARINA
CLUB
DIRK.S
OSMAN
SABRINA
RESI
MENN.S
TRUDI
KARINA
ROBBI

Belz Bierstuben, Mülheim

Reissdorf
echt
kölsch

Fulda Eck, Fuldaer Straße

H200
1,0
3,7
Fulda-Eck
Betreten
der Baustelle
verboten!
CAT
ZEPPELIN

4711 war eine wunderschöne Zeit. 50 Jahre im Betrieb, mit 14 angefangen, das war ja damals so üblich. Die längste Zeit habe ich unten in der Duftwasserherstellung gearbeitet, wo die großen Fässer standen. Wir haben da Alkohol benutzt, der hatte 94 Prozent, den konntest du pur nicht trinken. Also haben wir ihn mit Cola gemischt. Das war noch harmlos. Irgendwann hatten wir mal Besuch aus Indien, die haben sich tatsächlich das Kölnisch Wasser über den Kartoffelsalat geschüttet.

Diese Monat nix los. Diese Monat wieder Stromabrechnung.

Die Belgier haben wir
durch den ganzen Wald
gekloppt.

»Das Fräuchen ist weg.« Gerd hockt am Tresen und ist blau. »Ich hab die immer noch gerne«, jammert er. »Aber sie erwidert die Liebe nicht.« Die Wirtin zuckt nur mit den Schultern. »Das ist eine Prostituierte, Gerd.«

Seit Gerd seiner »Bekannten« den Geldhahn zugedreht hat, kommt sie nicht mehr. Gerd ist verzweifelt. »28 000 hab ich ihr gegeben, in zwei Jahren. Sogar meine Modelleisenbahn habe ich für sie verkauft. Warum habe ich die Frau denn so gerne?«, lallt er. »Das weiß keiner.« Er kramt das Foto einer mürrischen Rothaarigen hervor. »Wenn ich sie drei Tage nicht sehe, kriege ich Depressionen.«

»Wie kann man jemand, der einen so wegstößt, noch mögen?« Die Wirtin schüttelt den Kopf und stellt ihm ein neues Bier hin. »Wegstößt«, wiederholt Gerd und klatscht in die Hände. »Sie mag nicht mal, wenn ich sie streichle.« Er nimmt das Foto aus der Bierpfütze. »Aber ich mag sie immer noch. Was kann man denn da machen?« »Vielleicht nicht so doof sein«, mosert Hermann nebenan.

Gerd hört gar nicht hin. »Der Hausmeister sagt mir, sie macht es für 20. Alle sagen mir, sie macht es für Geld. Na und? Dann macht sie es eben gewerblich. Aber ich mag sie immer noch.« »Feierabend«, sagt die Wirtin.

»Darf ich denn noch ein Kölsch?«
»Nein.«
»Oh, bitte. Ich mag dich auch gut leiden.«
Die Wirtin bleibt hart. »Ich dich auch, Gerd, aber ich hab dir eben noch eins gegeben.«

»Wo soll ich denn jetzt hingehen?«, jammert Gerd.

Ich muss los. Eine Tasse
Kaffee und sieben Bier
waren schon zu viel.
Tschüss!

Epilog

Die Kneipe und ihre Bewohner

Drei Rentner am Tresen, und jetzt ist auch noch das Rauchen verboten – die Eckkneipe ist der Verlierer des Jahrhunderts, könnte man meinen. Ein Ort ohne Zukunft. Sterbendes Kulturgut. Aber auch: eine soziale Institution für viele Menschen. Es gibt Wirtinnen und Wirte, die zuhören, die den Zweitschlüssel zur Wohnung haben, die älteren Damen bei ihrem Papierkram helfen, die anrufen, wenn einer mal drei Tage nicht kommt.

»Ich finde das gut, dass ihr immer kommt. Ihr passt hier rein.« Ein Kompliment, ausgesprochen von irgendeiner Wirtin in irgendeiner Kneipe. Der Ritterschlag. Ein Jahr lang haben wir für diesen Band fotografiert, getrunken, zugehört, erklärt und sind oft länger geblieben, als wir vorhatten. Manchmal bis über die letzte Runde hinaus. Nach einem Jahr gehörten wir dazu.

Eine fremde Welt mit faszinierenden Gegensätzen und Charakteren. Das war der Gedanke, als wir anfingen, für eine Reportage in die Eckkneipen zu gehen. Es wurde ein Jahr daraus, 128 Seiten dieses Buches, die wir in rund 80 Kneipen, Stuben, Ecken, Pinten und Kaschemmen unserer Stadt gefüllt haben.

Wir haben gelernt, dass die Welt vom Tresen aus betrachtet ganz anders aussieht als draußen vor der Tür. Hier wundert es keinen, dass am 12. schon das Ende des Monats anfängt, weil bei vielen Gästen das Geld nicht mehr für die Kneipe reicht. Wir haben gelernt, dass eine Kneipe in der Nachbarschaft besser ist als Essen auf Rädern und dass James Dean eine Lusche war. Dass die Qualität gezapften Bieres deutlichen Schwankungen unterliegt und dass Biertrinken Arbeit sein kann.

Ein Jahr in der Kneipe hat uns die Gelegenheit gegeben, einige ihrer Bewohner kennenzulernen. Wie Franz W., den gläubigen Boxer, der uns zum Abschied Tipps für die richtige Deckung und einen dicken Kuss auf die Wange gab, mit den Worten: »Das war der schönste Tag in diesem Jahr«. Am Tresen haben wir den armen Gerd getroffen, der sich hoffnungslos in eine Prostituierte verliebt hatte und der ganzen Kneipe sein Leid klagte.

Wir trafen ein älteres Ehepaar, das fast jeden Tag nach dem Einkauf zusammen einen Korn trinken geht. Einen Bäcker, der nach Feierabend Flaschen sammelt, um seine Spielsucht zu finanzieren. Engelbert, den früheren Briefträger, der jede Nacht um zwei aufsteht, um durch die ganze Stadt zu laufen. Sybille, Kölns zweite Taxifahrerin. Akos, den traurigen Wirt, der seine Kneipe inzwischen aufgegeben hat. Günter Tacke, Projektmanager a.D.; Zocker, Zecher, Arme, Reiche, Bürger, Penner.

Wer einen Fotoband machen will, der braucht leider Verträge. Von jedem eine schriftliche Einwilligung zu bekommen, war am Tresen manchmal schwierig. Also zogen wir Monate später noch einmal los. Die meisten Stammtrinker waren nicht schwer zu finden: in der Kneipe, wie jeden Tag. Bei anderen war es schwieriger: bettlägerig, kommt nicht mehr, ist im Krankenhaus, kein Geld mehr, Ärger mit dem Wirt, Pleite gemacht. Wie Akos, der traurige Wirt. Wir haben ihn irgendwo auf dem Land gefunden.

Ein Abenteuer war die Suche nach Engelbert, dem auf dem Tisch dösenden Zecher. Wie findet man jemanden, der um zwei Uhr nachts aufsteht und losläuft – manchmal 40 Kilometer weit? Man nimmt das Foto in die Hand und fragt: »Kennen Sie diesen Mann?« Kneipentrinker, Spaziergänger, Dorfjugend. Jeder in seinem Stadtteil hatte uns seine eigene Geschichte zu erzählen. Das mit den Zigarren, ja!… Der läuft immer so gebeugt! Unser Engelbert! Schließlich haben wir Engelbert mittags in einer bulgarischen Sportbar gefunden.

Es war schnell klar, dass uns journalistische Distanz am Tresen nicht hilft, sondern eher: zuhören, mitreden, Bier trinken. Die besten Dinge passieren in der Kneipe sowieso von ganz allein. Dass dabei literweise Bier geflossen ist, verschweigen wir nicht. Der Alkohol spielt noch immer eine wichtige Rolle beim Besuch in der Kneipe, genau wie die Suche der Menschen nach Gesellschaft.

Hat die Eckkneipe eine Zukunft? Wir wollen es mit Gerd, dem liebeskranken Rentner, beantworten: »Das weiß keiner.« Die Aussichten sind gewiss nicht gut. Die meisten Geschichten der Kneipe handeln von früher – und es kommen wenig neue dazu.

Patrick Essex, Manuel Preuten und Holger Risse

Danke:

Engelbert, Anna, Fritz, Willi, Wolfram, Sylvia, Willi, Liesel, Zoltan, Jüngel, Olli, Sibylle, Eddy, Akos, Neppeser Naaksühle, Yunus, Manni, Karl-Heinz, Franz, Nils, Rolf, Hubert, Apolonia, Georg, Michael, Karl-Heinz, Veronika, Addi, Frank, Armin, Viola, Jörg, Günter, Gerhard, Brigitte, Gerti, Hermann, Friedel, Joannis, Walter, Günter, Florica, Roman, Dieter, Bernd, Martin, Manfred, Ingrid, Hartmut, Frank, R.J., Peter, Gerd, Hansi, Karl-Heinz, Reiner, Edmund, Reiner und Gerd.

Besonderen Dank an:
Stephan, Beate, Sandra, Resi, Sabrina, Tsaziki-Hans, Ibu, Karl-Heinz Weimer, Julian, Cai-Simon, Niklas, Henric, Gerda, Walter, Hein, Jörn, Frank, Julia, Christian, Elisa und Mona.

Patrick Essex, geboren 1971, aufgewachsen in Fulda, arbeitete als Kneipenwirt, Schreiner, Verleger, Bühnenbauer. Heute lebt er in Köln, arbeitet als freier Fotograf und betreibt unter anderem die Fotoedition knipsundco.

Manuel Preuten, geboren 1981, aufgewachsen am Niederrhein, lebt in Köln und arbeitet als freier Journalist und Barkeeper.

Holger Risse, geboren 1972, aufgewachsen in Osnabrück, lebt und arbeitet als freiberuflicher Grafiker, DJ und Art Director in Köln, u.a. für: Intro Magazin, 11 Freunde, Melt! Festival.